Impressum
Verlag: BABADADA GmbH, Nedderfeld 112 , 22529 Hamburg
Geschäftsführer / Verlagsleitung: Harald Hof
Druck: Books on Demand GmbH, In de Tarpen 42, 22848 Norderstedt

Imprint
Publisher: BABADADA GmbH, Nedderfeld 112 , 22529 Hamburg, Germany
Managing Director / Publishing direction: Harald Hof
Print: Books on Demand GmbH, In de Tarpen 42, 22848 Norderstedt, Germany

学校

skola

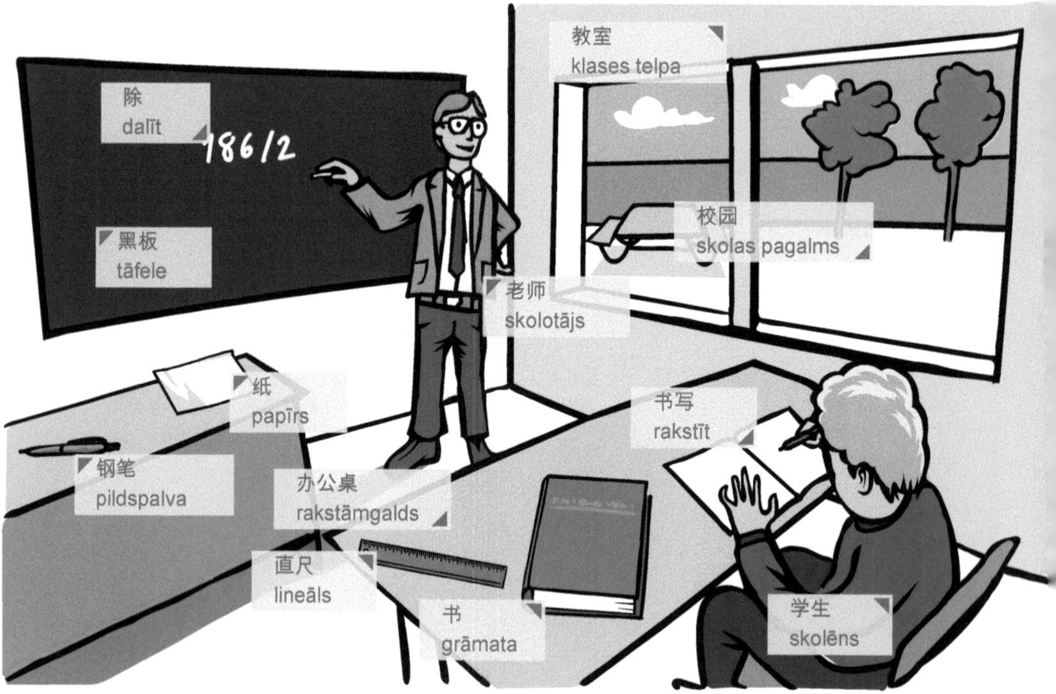

教室
klases telpa
除
dalīt
186/2
黑板
tāfele
校园
skolas pagalms
老师
skolotājs
纸
papīrs
书写
rakstīt
钢笔
pildspalva
办公桌
rakstāmgalds
直尺
lineāls
书
grāmata
学生
skolēns

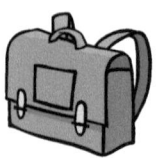

书包

skolas soma

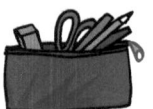

铅笔盒

penālis

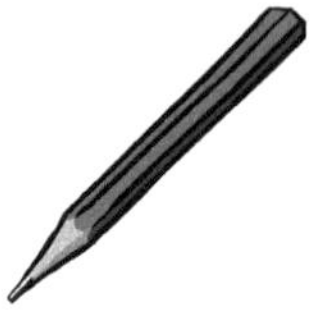

铅笔

zīmulis

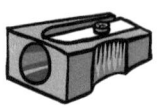

卷笔刀

zīmuļu asināmais

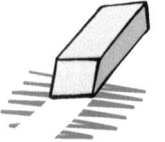

橡皮擦

dzēšgumija

画板

zīmēšanas bloks

图画

zīmējums

画笔

ota

颜料盒

krāsas

剪刀

šķēres

胶水

līme

练习册

darba burtnīca

家庭作业

mājas darbs

数字

skaitlis

加

saskaitīt

减

atņemt

乘

reizināt

计算

rēķināt

字母

burts

字母表

alfabēts

字

vārds

课文

teksts

读

lasīt

粉笔

krīts

上课

mācību stunda

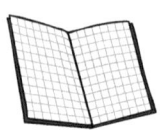

登记

žurnāls

考试

eksāmens

证书

liecība

校服

skolas forma

教育

izglītība

百科全书

enciklopēdija

大学

universitāte

显微镜

mikroskops

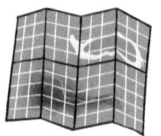

地图

karte

废纸筐

papīrgrozs

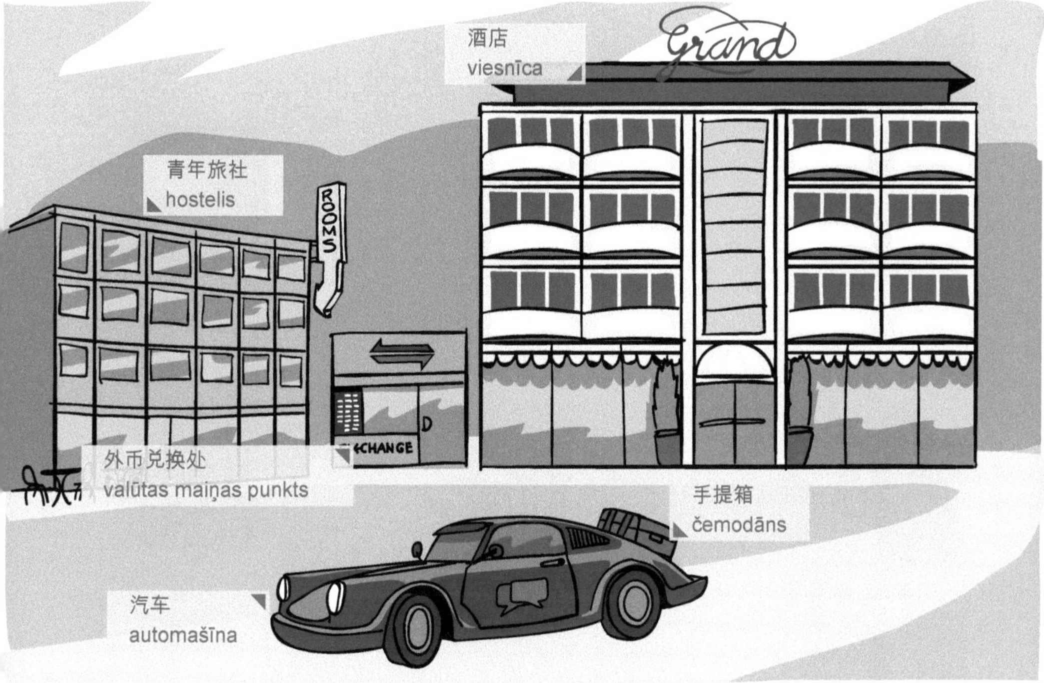
酒店
viesnīca
Grand
青年旅社
hostelis
ROOMS
外币兑换处
valūtas maiņas punkts
手提箱
čemodāns
汽车
automašīna

语言
Valoda

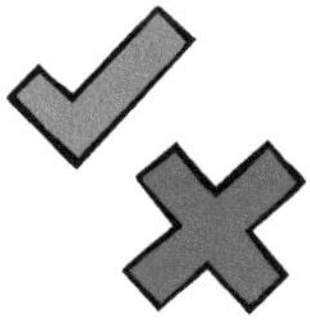

是/否
jā / nē

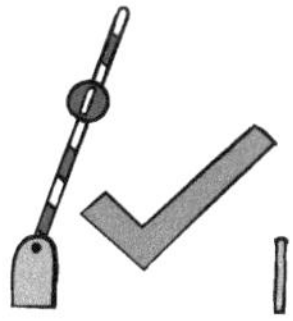

好的
Okay

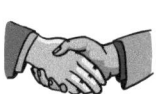

您好
Sveiki!

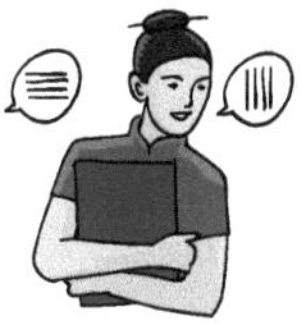

翻译员
tulks

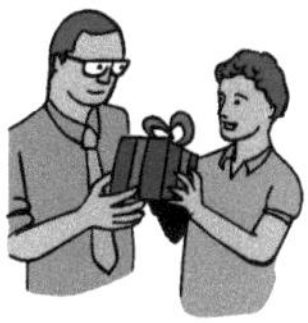

谢谢
paldies

……多少钱？

Cik maksā…?

我不明白

Es nesaprotu

问题

problēma

晚上好！

Labvakar!

早上好！

Labrīt!

晚安！

Ar labu nakti!

再见

Uz redzēšanos

方向

virziens

行李

bagāža

包

soma

双肩包

mugursoma

客人

viesis

房间

istaba

睡袋

guļammaiss

帐篷

telts

旅游信息

tūrisma informācija

海滩

pludmale

信用卡

kredītkarte

早餐

brokastis

午餐

pusdienas

晚餐

vakariņas

票

biļete

电梯

lifts

邮票

pastmarka

边界

robeža

海关

muita

大使馆

vēstniecība

签证

vīza

护照

pase

交通运输

transports

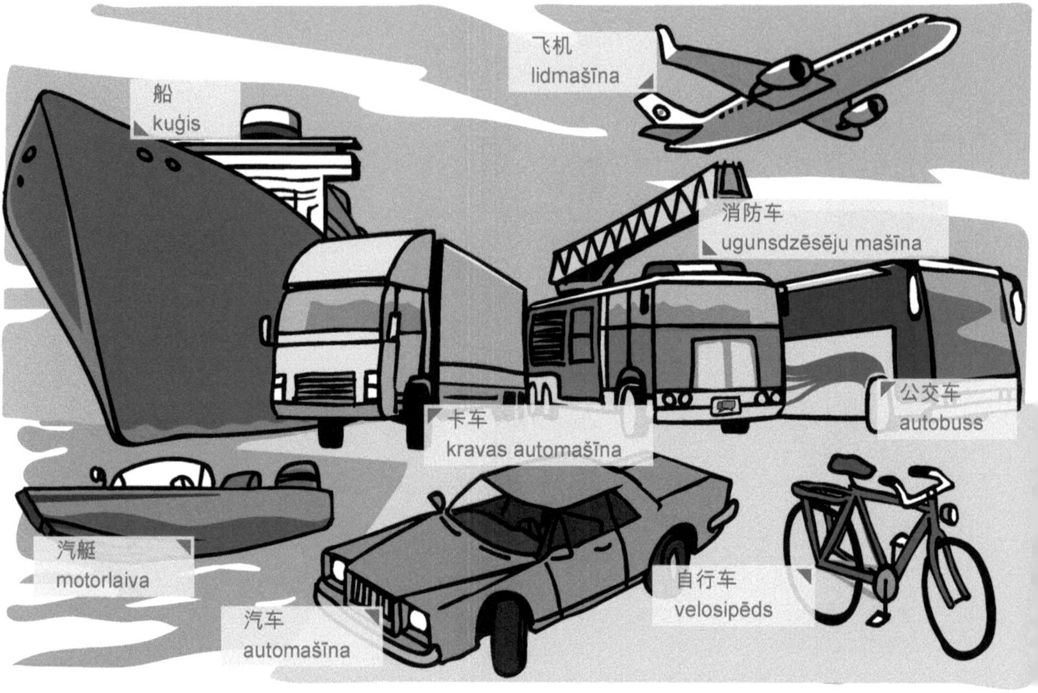

飞机
lidmašīna
船
kuģis
消防车
ugunsdzēsēju mašīna
公交车
autobuss
卡车
kravas automašīna
汽艇
motorlaiva
自行车
velosipēds
汽车
automašīna

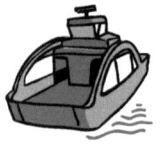

摆渡船

prāmis

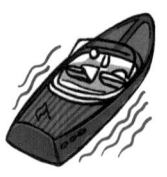

小船

laiva

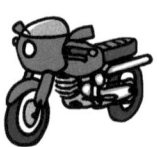

摩托车

motocikls

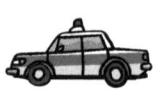

警车

policijas automašīna

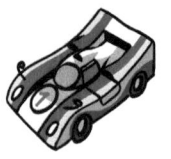

赛车

sacīkšu automobilis

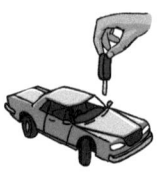

租车

nomas auto

拼车

auto koplietošana

拖车

evakuators

垃圾车

atkritumu mašīna

发动机

dzinējs

汽油

benzīns

加油站

degvielas uzpildes stacija

交通标志

ceļa zīme

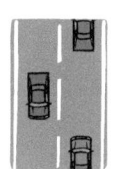

交通

satiksme

交通堵塞

sastrēgums

停车场

stāvvieta

火车站

dzelzceļa stacija

轨道

sliedes

火车

vilciens

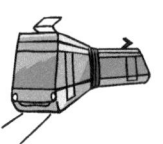

电车

tramvajs

货车

vagons

直升机

helikopters

机场

lidosta

塔

tornis

乘客

pasažieris

集装箱

konteiners

纸板箱

kaste

手推车

ratiņi

篮子

grozs

起飞/降落

pacelties / nosēsties

城市

pilsēta

村庄

ciems

市中心

pilsētas centrs

房子

māja

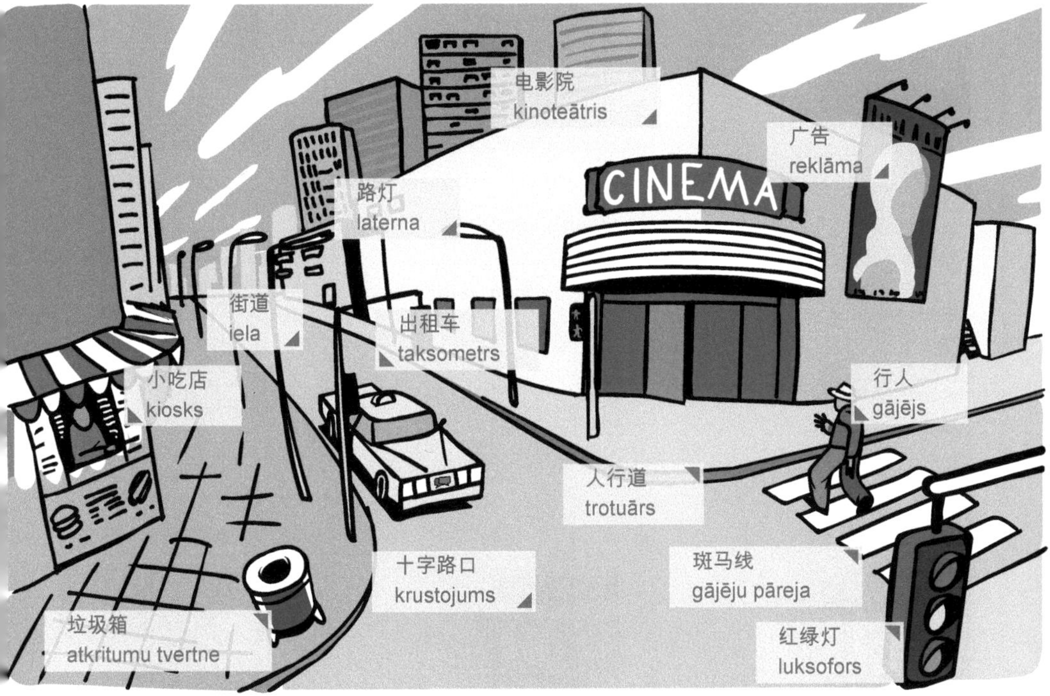
电影院
kinoteātris
CINEMA
广告
reklāma
路灯
laterna
街道
iela
出租车
taksometrs
小吃店
kiosks
行人
gājējs
人行道
trotuārs
十字路口
krustojums
斑马线
gājēju pāreja
垃圾箱
atkritumu tvertne
红绿灯
luksofors

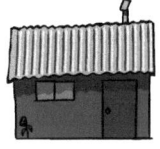

小屋

būda

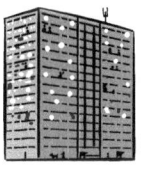

公寓

dzīvoklis

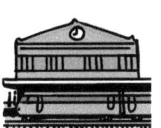

火车站

dzelzceļa stacija

市政厅

rātsnams

MUSEUM

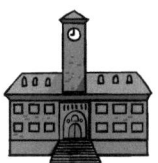

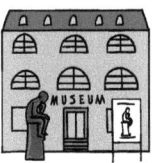

博物馆

muzejs

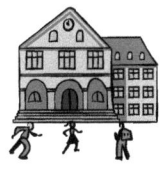

学校

skola

大学

universitāte

银行

banka

医院

slimnīca

酒店

viesnīca

药房

aptieka

办公室

birojs

书店

grāmatnīca

商店

veikals

花店

ziedu veikals

超市

lielveikals

市场

tirgus

百货商店

tirdzniecības centrs

鱼店

zivju tirgotājs

购物中心

tirdzniecības centrs

海港

osta

公园

parks

长凳

sols

桥

tilts

楼梯

kāpnes

地铁

metro

隧道

tunelis

公交车站

autobusa pieturvieta

酒吧

bārs

餐馆

restorāns

邮筒

pastkastīte

路标

ielas nosaukuma plāksne

停车计时器

stāvlaika skaitītājs

动物园

zooloģiskais dārzs

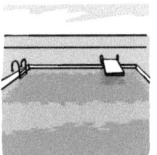

游泳馆

peldbaseins

清真寺

mošeja

农场

zemnieku saimniecība

污染

vides piesārņojums

墓地

kapsēta

教堂

baznīca

操场

spēļu laukums

寺庙

templis

地形

ainava

树叶
lapa

指示牌
ceļrādis

路
ceļš

草地
pļava

石头
akmens

树
koks

徒步旅行者
ceļotājs

河
upe

草
zāle

花
puķe

峡谷

ieleja

山

kalns

湖

ezers

森林

mežs

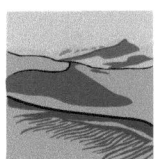

沙漠

tuksnesis

火山

vulkāns

城堡

pils

彩虹

varavīksne

蘑菇

sēne

棕榈树

palma

蚊子

moskīts

苍蝇

muša

蚂蚁

skudra

蜜蜂

bite

蜘蛛

zirneklis

甲虫
vabole

青蛙
varde

松鼠
vāvere

刺猬
ezis

野兔
zaķis

猫头鹰
pūce

鸟
putns

天鹅
gulbis

野猪
meža cūka

鹿
briedis

麋鹿
alnis

水坝
aizsprosts

风力发电机
vēja ģenerators

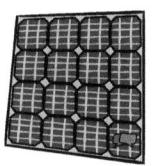

太阳能电池板
saules baterija

气候
klimats

服务员
viesmīlis

菜单
ēdienkarte

椅子
krēsls

汤
zupa

披萨饼
pica

餐具
galda piederumi

桌布
galdauts

前菜

uzkoda

主菜

pamatēdiens

甜点

deserts

饮料

dzērieni

食物

ēdiens

瓶子

pudele

快餐

ātrās uzkodas

街边小吃

ielu uzkodas

茶壶

tējkanna

糖盒

cukurtrauks

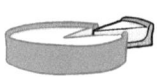

一份饭菜

porcija

意式咖啡机

espresso kafijas automāts

高脚椅

bāra krēsls

账单

rēķins

托盘

paplāte

刀

nazis

餐叉

dakša

勺子

karote

茶匙

tējkarote

餐巾

salvete

玻璃杯

glāze

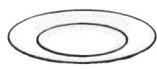

碟子

šķīvis

汤盘

zupas šķīvis

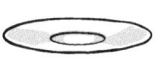

碟子

apakštase

酱

mērce

盐瓶

sāls trauciņš

胡椒磨

piparu dzirnaviņas

醋

etiķis

食用油

eļļa

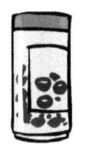

调味料

garšvielas

番茄酱

kečups

芥末

sinepes

蛋黄酱

majonēze

超市
lielveikals

特价
piedāvājums
FOR
顾客
klients
乳制品
piena produkti
水果
augļi
购物车
iepirkumu ratiņi

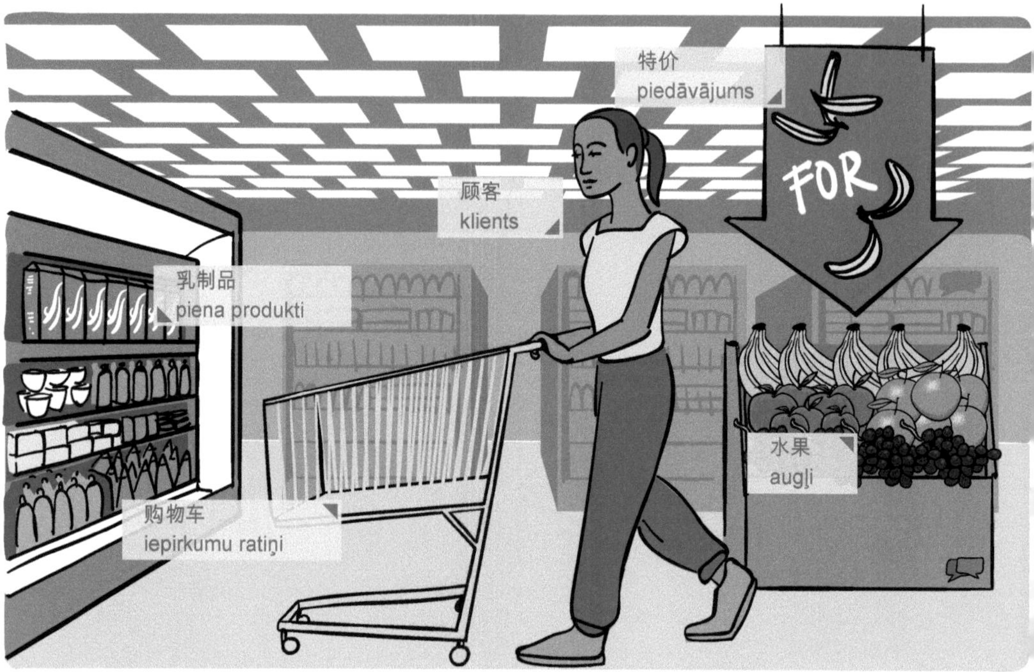

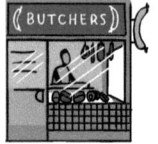

BUTCHERS

肉铺

kautuve

BAKERY

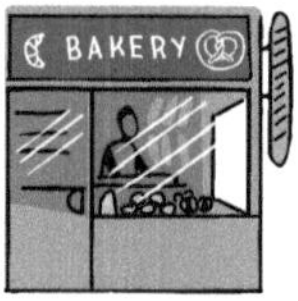

面包房

maizes veikals

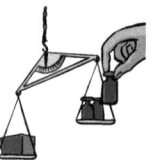

称重

svērt

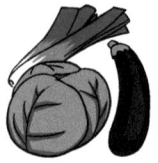

蔬菜

dārzeņi

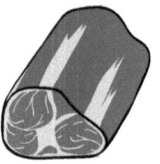

肉

gaļa

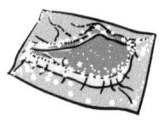

冷冻食品

saldēti produkti

冷盘

aukstās gaļas uzkodas

罐头食品

konservi

洗衣粉

pulveris

甜食

saldumi

日用品

mājsaimniecības preces

清洁用品

tīrīšanas līdzeklis

销售员

pārdevēja

收银机

kase

收银员

kasieris

购物清单

iepirkumu saraksts

开放时间

darba laiks

钱包

maks

信用卡

kredītkarte

袋子

soma

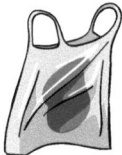

塑料袋

maisiņš

水

ūdens

果汁

sula

牛奶

piens

可乐

kola

红酒

vīns

啤酒

alus

酒

alkohols

可可

kakao

茶

tēja

咖啡

kafija

意式浓缩咖啡

espresso

卡布奇诺

kapučīno

香蕉

banāns

苹果

ābols

橙子

apelsīns

西瓜

melone

柠檬

citrons

胡萝卜

burkāns

大蒜

ķiploks

竹子

bambuss

洋葱

sīpols

蘑菇

sēne

坚果

rieksti

面条

makaroni

意大利面条
spageti

米饭
rīsi

沙拉
salāti

薯条
frī kartupeļi

炸土豆
cepti kartupeļi

披萨饼
pica

汉堡包
hamburgers

三明治
sviestmaize

炸猪排
šnicele

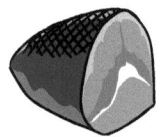

火腿
šķiņķis

萨拉米
salami

香肠
desa

鸡肉
vista

烤肉
cepetis

鱼
zivs

燕麦片

auzu pārslas

穆兹利

muslis

玉米片

brokastu pārslas

面粉

milti

羊角面包

radziņš

面包卷

brokastu maizītes

面包

maize

烤面包

tostermaize

饼干

cepumi

黄油

sviests

凝乳

biezpiens

蛋糕

kūka

蛋

ola

煎蛋

cepta ola

奶酪

siers

冰激凌
saldējums

糖
cukurs

蜂蜜
medus

果酱
marmelāde

巧克力酱
riekstu krēms

咖喱饭
karijs

农场
zemnieku saimniecība

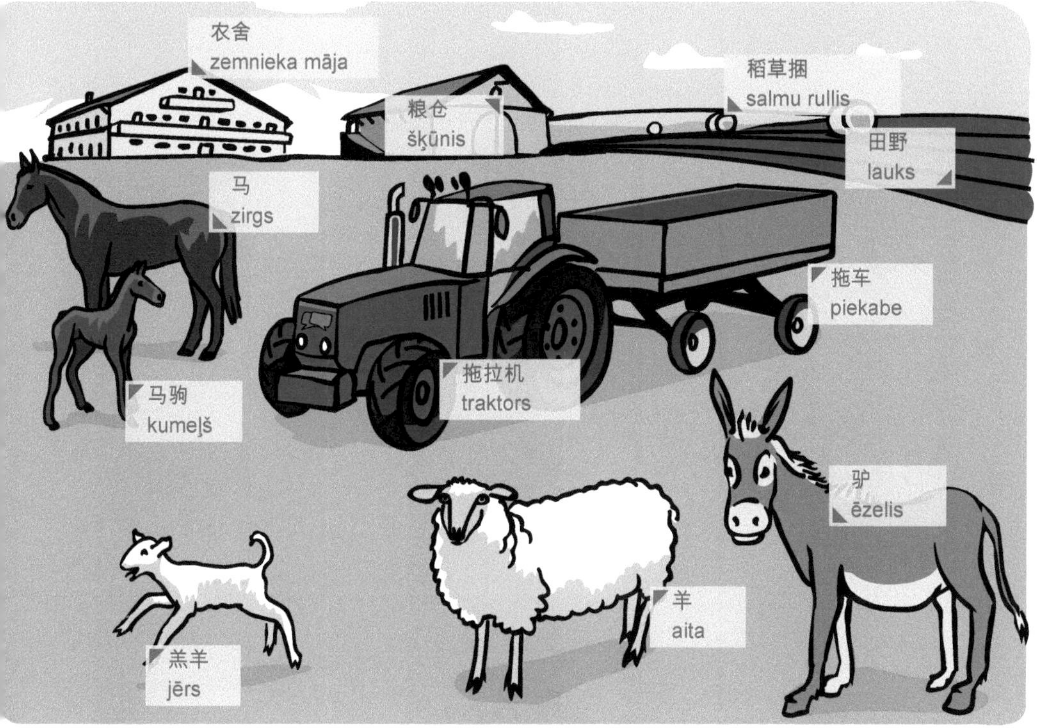
农舍
zemnieka māja
粮仓
šķūnis
稻草捆
salmu rullis
田野
lauks
马
zirgs
拖车
piekabe
拖拉机
traktors
马驹
kumeļš
驴
ēzelis
羊
aita
羔羊
jērs

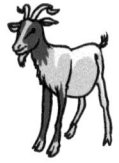

山羊
kaza

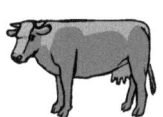

奶牛
govs

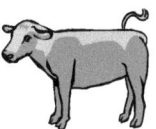

牛犊
teļš

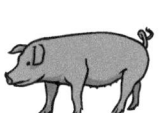

猪
cūka

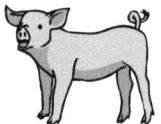

小猪
sivēns

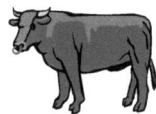

公牛
bullis

鹅

zoss

鸭

pīle

小鸡

cālis

母鸡

vista

公鸡

gailis

鼠

žurka

猫

kaķis

老鼠

pele

牛

vērsis

狗

suns

狗屋

suņa būda

花园浇水软管

dārza šļūtene

洒水壶

lejkanna

长柄大镰刀

izkapts

犁

arkls

镰刀

sirpis

锄头

kaplis

长柄草耙

mēslu dakša

斧头

cirvis

独轮手推车

ķerra

饲料槽

sile

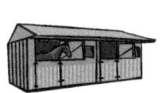

牛奶罐

piena kanna

麻布袋

maiss

栅栏

žogs

马厩

kūts

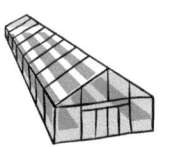

温室

siltumnīca

土壤

augsne

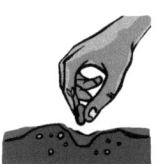

种子

sēklas

肥料

mēslojums

联合收割机

kombains

农场 - zemnieku saimniecība

收割

novākt ražu

收割

raža

山药

jamss

小麦

kvieši

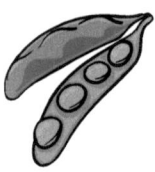

大豆

soja

土豆

kartupelis

玉米

kukurūza

油菜籽

rapsis

果树

augļu koks

树薯

manioka

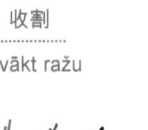

谷物

labība

房子
māja

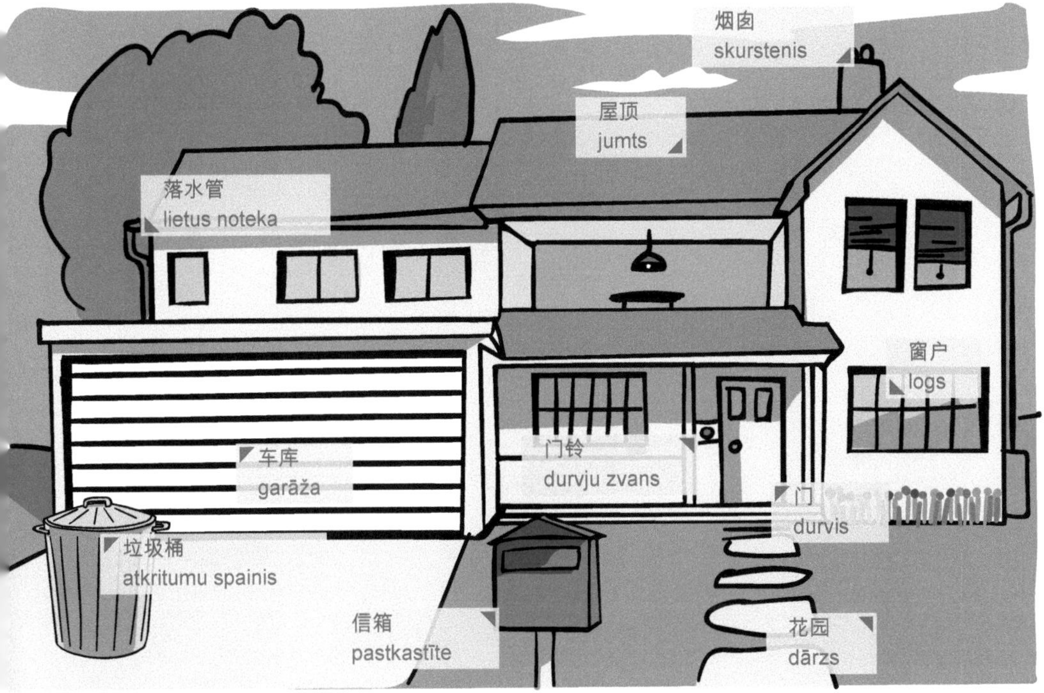
烟囱
skurstenis
屋顶
jumts
落水管
lietus noteka
窗户
logs
车库
garāža
门铃
durvju zvans
门
durvis
垃圾桶
atkritumu spainis
信箱
pastkastīte
花园
dārzs

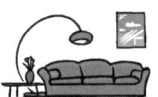

客厅

viesistaba

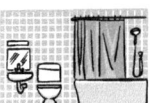

浴室

vannas istaba

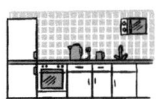

厨房

virtuve

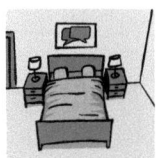

卧室

guļamistaba

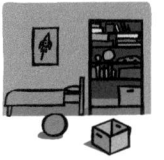

儿童房

bērnu istaba

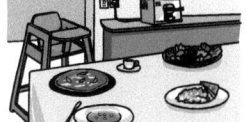

餐厅

ēdamistaba

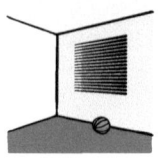

地板
grīda

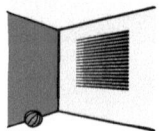

墙壁
siena

吊顶
griesti

地窖
pagrabs

桑拿
sauna

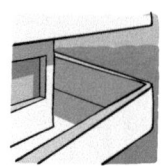

阳台
balkons

露台
terase

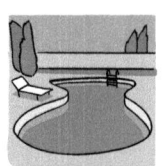

游泳池
baseins

割草机
zāles pļāvējs

被单
gultas veļa

床罩
sega

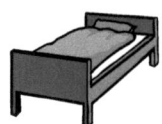

床
gulta

扫帚
slota

水桶
spainis

开关
slēdzis

客厅
viesistaba

壁纸
tapetes
照片
attēls
台灯
lampa
搁架
plaukts
橱柜
skapis
电视机
televizors
壁炉
kamīns
花
puķe
垫子
spilvens
沙发
dīvāns
花瓶
vāze
遥控器
tālvadības pults

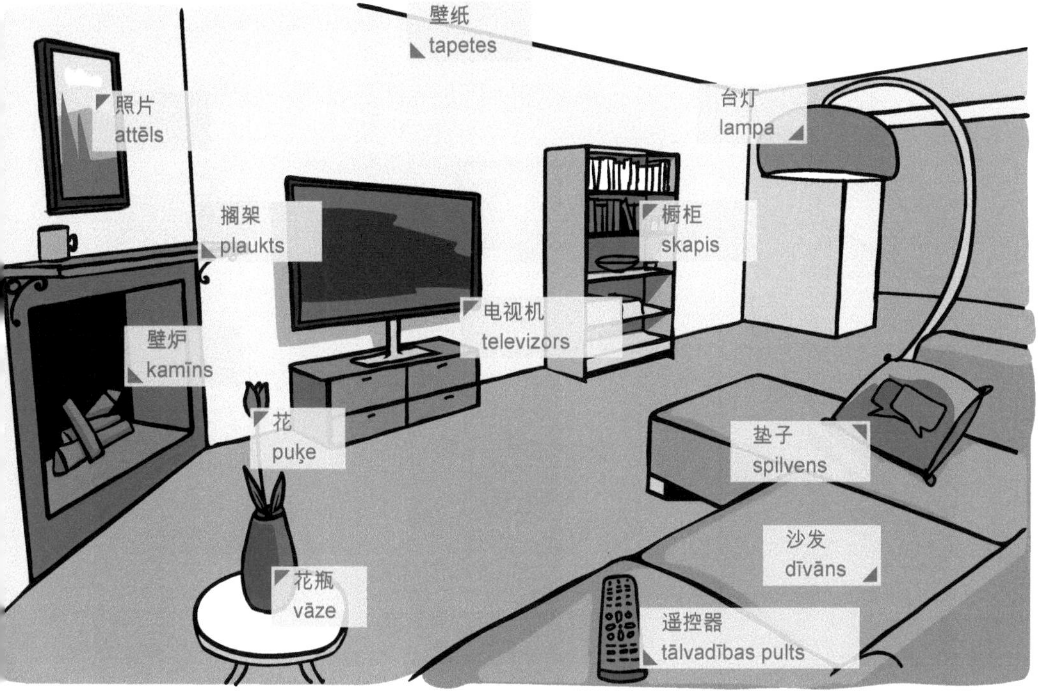

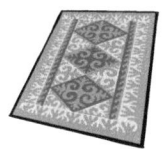

地毯
paklājs

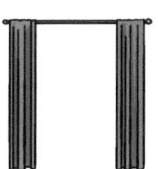

窗帘
aizkars

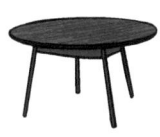

餐桌
galds

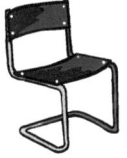

椅子
krēsls

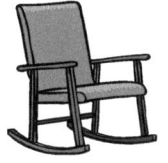

摇椅
šūpuļkrēsls

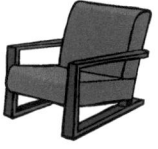

扶手椅
atpūtas krēsls

书
grāmata

毯子
sega

装饰品
dekorācija

木柴
malka

电影
filma

高保真音响
mūzikas centrs

钥匙
atslēga

报纸
avīze

油画
glezna

海报
plakāts

收音机
radio

笔记本
pierakstu blociņš

吸尘器
putekļu sūcējs

仙人掌
kaktuss

蜡烛
svece

厨房
virtuve

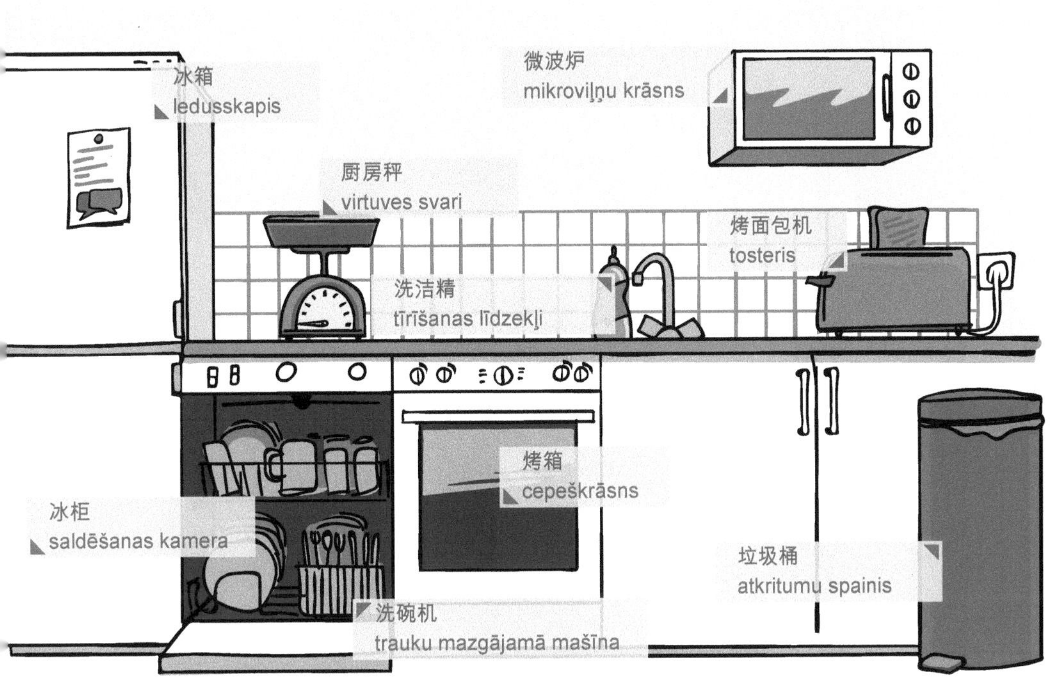
冰箱
ledusskapis
微波炉
mikroviļņu krāsns
厨房秤
virtuves svari
烤面包机
tosteris
洗洁精
tīrīšanas līdzekļi
烤箱
cepeškrāsns
冰柜
saldēšanas kamera
垃圾桶
atkritumu spainis
洗碗机
trauku mazgājamā mašīna

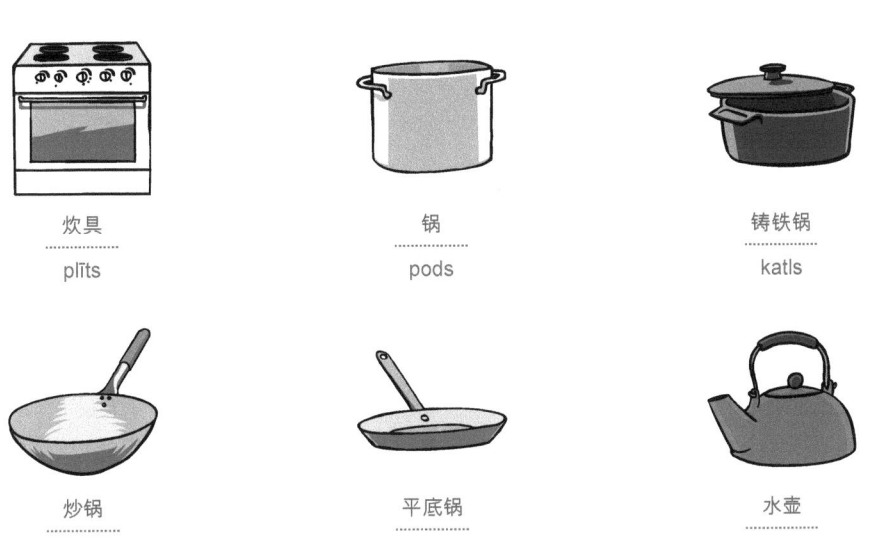

炊具
plīts

锅
pods

铸铁锅
katls

炒锅
Wok panna

平底锅
panna

水壶
elektriskā tējkanna

蒸锅

tvaika katls

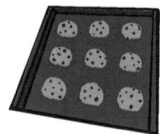

烤盘

cepešpanna

陶瓷锅

trauki

马克杯

krūze

碗

bļoda

筷子

irbulīši

长柄勺

kauss

铲子

lāpstiņa

搅拌器

putošanas slotiņa

滤网

sietiņš

筛子

siets

磨碎机

rīve

研钵

piesta

烧烤

grilēt

明火

atklāts pavards

菜板
dēlis

擀面杖
mīklas rullis

开瓶器
korķu viļķis

罐子
bundža

开罐器
konservu nazis

隔热手套
virtuves cimdi

水槽
izlietne

刷子
birste

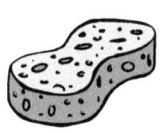

海绵
sūklis

搅拌机
mikseris

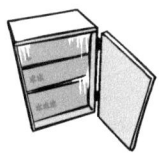

冷藏箱
saldētava

奶瓶
bērna pudelīte

水龙头
ūdenskrāns

浴室

vannas istaba

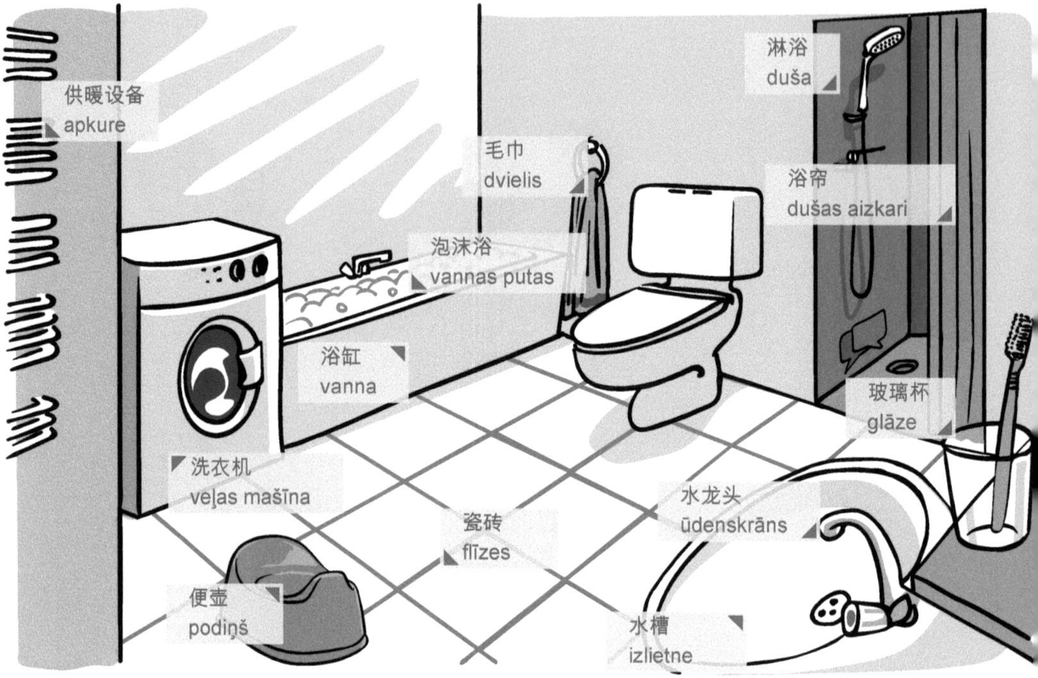

供暖设备
apkure

淋浴
duša

毛巾
dvielis

浴帘
dušas aizkari

泡沫浴
vannas putas

浴缸
vanna

玻璃杯
glāze

洗衣机
veļas mašīna

瓷砖
flīzes

水龙头
ūdenskrāns

便壶
podiņš

水槽
izlietne

厕所
tualetes pods

蹲便器
Āzijas tipa tualete

坐浴器
bidē

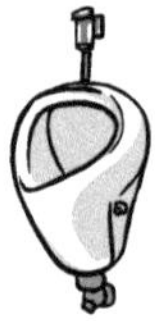

小便池
pisuārs

厕纸
tualetes papīs

马桶刷
tualetes birste

牙刷

zobu birste

牙膏

zobu pasta

牙线

zobu diegs

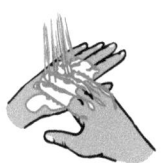

洗

mazgāt

手持式喷淋头

rokas duša

冲洗器

duša

洗脸盆

bļoda

擦背刷

muguras mazgāšanas birste

肥皂

ziepes

沐浴露

dušas želeja

洗发水

šampūns

法兰绒

mazgāšanas drāna

排水

noteka

乳霜

krēms

除臭剂

dezodorants

镜子

spogulis

手镜

spogulītis

剃须刀

skuveklis

剃须泡沫

skūšanās putas

须后水

losjons pēc skūšanās

梳子

ķemme

刷子

matu suka

吹风机

matu fēns

喷发定型剂

matu laka

化妆品

grima komplekts

唇膏

lūpu krāsa

指甲油

nagulaka

化妆棉

vate

指甲剪

šķērītes

香水

smaržas

洗漱包

kosmētikas maks

凳子

ķeblītis

计重秤

svari

浴袍

halāts

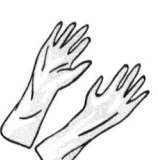

橡胶手套

tīrīšanas cimdi

卫生棉条

tampons

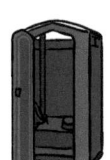

卫生巾

pakete

化学厕所

ķīmiskā tualete

儿童房

bērnu istaba

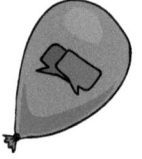

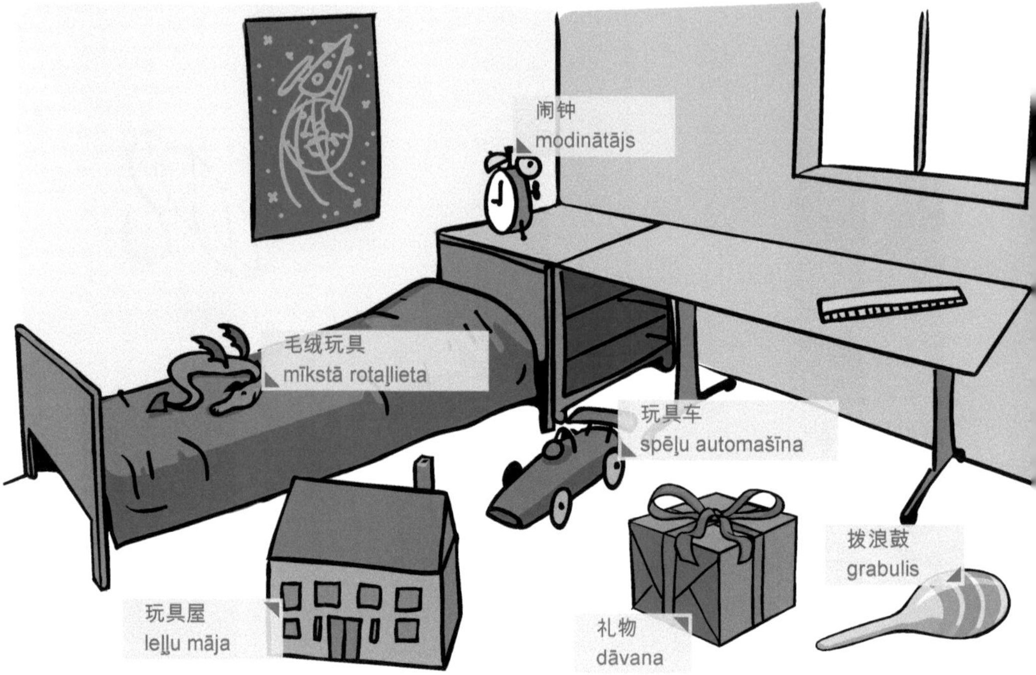
闹钟
modinātājs
毛绒玩具
mīkstā rotaļlieta
玩具车
spēļu automašīna
拨浪鼓
grabulis
玩具屋
leļļu māja
礼物
dāvana

气球

balons

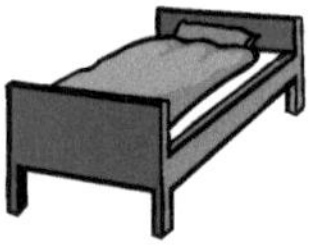

床

gulta

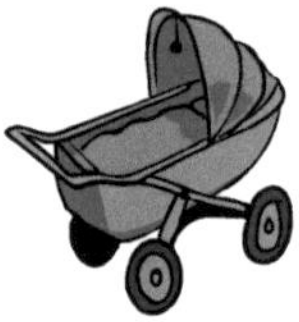

（洋娃娃用）婴儿车

bērnu ratiņi

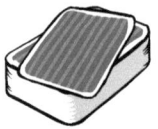

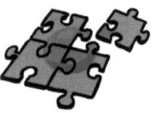

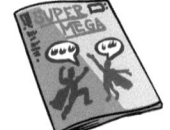

扑克牌

kārtis

拼图

puzle

漫画

komikss

乐高积木

LEGO klucīši

积木玩具

klucīši

玩具人

varoņu figūra

婴儿服

rāpulītis

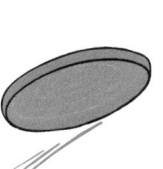

飞盘

lidojošais šķīvītis

床铃玩具

muzikālais karuselis

棋盘游戏

galda spēle

骰子

metamais kauliņš

火车模型

rotaļu dzelzceļš

安抚奶嘴

māneklis

聚会

ballīte

绘本

bilžu grāmata

球

bumba

洋娃娃

lelle

玩

spēlēt

沙坑

smilšu kaste

秋千

šūpoles

玩具

rotaļlietas

游戏机

spēļu konsole

三轮车

trīsritenis

泰迪熊

plīša lācītis

衣柜

drēbju skapis

衣服

apģērbs

袜子

īszeķes

长袜

zeķes

紧身裤

zeķbikses

围巾
šalle

雨伞
lietussargs

T恤
T-krekls

皮带
siksna

靴子
zābaks

拖鞋
čības

运动鞋
botas

凉鞋
·················
sandales

鞋
·················
kurpes

雨靴
·················
gumijas zābaki

内裤
·················
apakšbikses

胸罩
·················
krūšturis

背心
·················
apakškrekls

身体

bodijs

裤子

bikses

牛仔裤

džinsi

短裙

svārki

女式衬衫

blūze

衬衫

krekls

套头衫

pulovers

卫衣

džemperis

西装夹克

žakete

夹克

jaka

外套

mētelis

雨衣

lietus mētelis

套装

kostīms

连衣裙

kleita

婚纱

kāzu kleita

西装

uzvalks

睡袍

naktskrekls

睡衣

pidžama

莎丽

sari

头巾

lakats

包头巾

turbāns

波卡

burka

卡夫坦

kaftāns

(阿拉伯式)长袍

abaja

泳衣

peldkostīms

男式泳裤

peldbikses

短裤

šorti

运动服

treniņtērps

围裙

priekšauts

手套

cimdi

纽扣

poga

眼镜

brilles

手链

rokassprādze

项链

kaklarota

戒指

gredzens

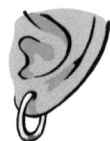

耳环

auskars

便帽

cepure

衣架

drēbju pakaramais

帽子

platmale

领带

kaklasaite

拉链

rāvējslēdzējs

头盔

ķivere

背带

bikšturi

校服

skolas forma

制服

uniforma

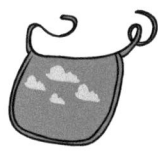

围兜

priekšautiņš

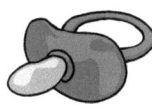

安抚奶嘴

māneklis

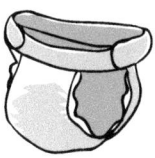

尿不湿

autiņbiksītes

办公室

birojs

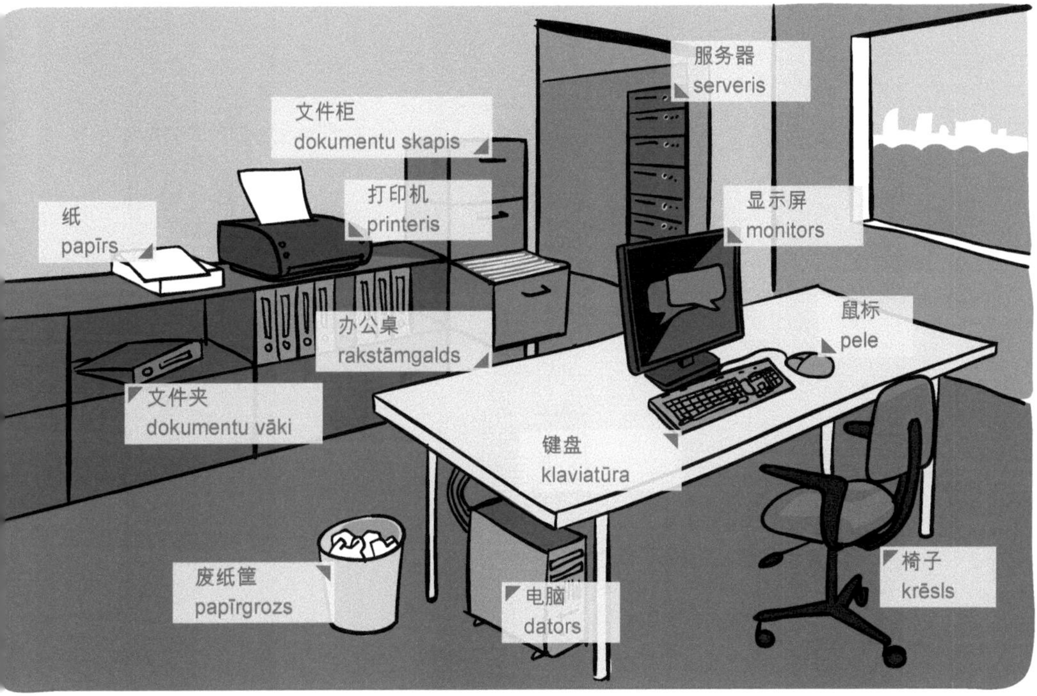
服务器
serveris
文件柜
dokumentu skapis
打印机
printeris
纸
papīrs
显示屏
monitors
鼠标
pele
办公桌
rakstāmgalds
文件夹
dokumentu vāki
键盘
klaviatūra
废纸篓
papīrgrozs
电脑
dators
椅子
krēsls

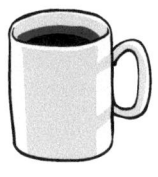

咖啡杯

kafijas krūze

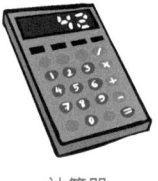

计算器

kalkulators

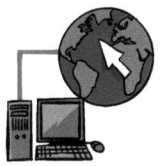

因特网

internets

笔记本电脑
portatīvais dators

信件
vēstule

消息
ziņa

手机
mobilais tālrunis

网络
tīkls

复印机
kopētājs

软件
programmatūra

电话
telefons

插座
rozete

传真机
faksa aparāts

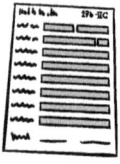

表格
formulārs

文件
dokuments

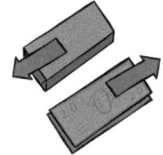

买

pirkt

付钱

samaksāt

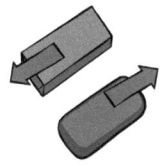

交易

tirgot

现金

nauda

美元

dolārs

欧元

eiro

日元

jēna

卢布

rublis

瑞士法郎

franks

人民币

juaņa renminbi

卢比

rūpija

提款处

bankomāts

外币兑换处

valūtas maiņas punkts

金

zelts

银

sudrabs

石油

nafta

能源

enerģija

价格

cena

合同

līgums

税金

nodoklis

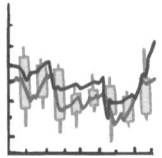

股票

akcija

工作

strādāt

职员

darbinieks

老板

darba devējs

工厂

fabrika

商店

veikals

profesijas

警官
policists

消防员
ugunsdzēsējs

厨师
pavārs

医生
ārsts

飞行员
pilots

园丁

dārznieks

木匠

galdnieks

裁缝

šuvēja

法官

tiesnesis

化学家

ķīmiķis

演员

aktieris

公交车司机

autobusa vadītājs

出租车司机

taksometra vadītājs

渔夫

zvejnieks

清洁女工

apkopēja

屋顶工

jumiķis

服务员

viesmīlis

猎人

mednieks

画家

gleznotājs

面包师

maiznieks

电工

elektriķis

建筑工人

celtnieks

工程师

inženieris

屠夫

miesnieks

水管工

skārdnieks

邮递员

pastnieks

士兵

karavīrs

建筑师

arhitekts

收银员

kasieris

花农

florists

理发师

frizieris

售票员

konduktors

机械师

mehāniķis

船长

kapteinis

牙医

zobārsts

科学家

zinātnieks

拉比

rabīns

伊玛目

imāms

和尚

mūks

牧师

mācītājs

工具

instrumenti

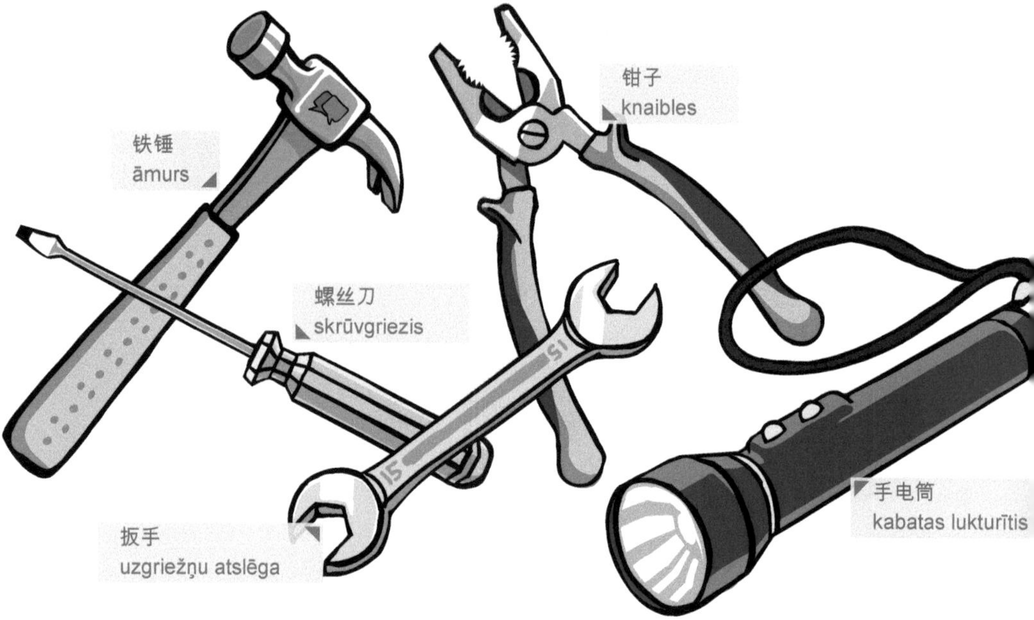
铁锤
āmurs
钳子
knaibles
螺丝刀
skrūvgriezis
扳手
uzgriežņu atslēga
手电筒
kabatas lukturītis

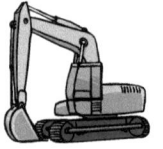

挖掘机

ekskavators

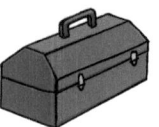

工具箱

instrumentu kaste

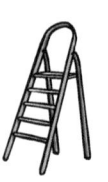

梯子

kāpnes

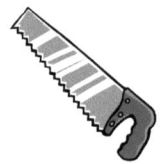

锯子

zāģis

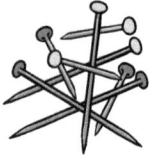

钉子

naglas

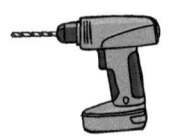

钻机

urbis

修
remontēt

铲子
lāpsta

靠！
Velns!

簸箕
liekšķere

油漆桶
krāsas bundža

螺丝
skrūves

乐器

mūzikas instrumenti

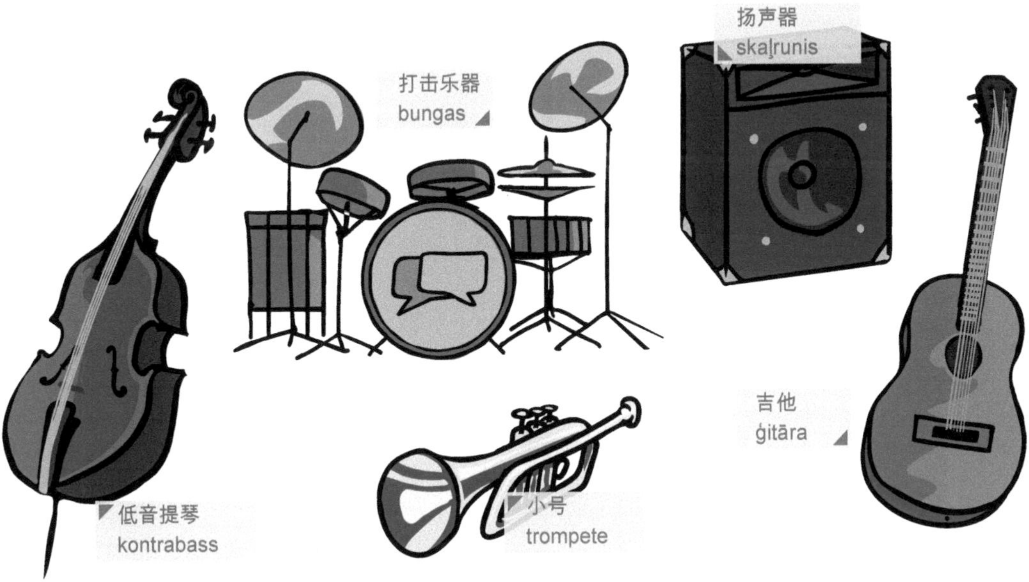

打击乐器
bungas ◢

扬声器
skaļrunis

低音提琴
kontrabass

小号
trompete

吉他
ģitāra ◢

钢琴

klavieres

小提琴

vijole

贝斯

bass

定音鼓

timpāni

鼓

bungas

电子琴

digitālās klavieres

萨克斯管

saksofons

长笛

flauta

麦克风

mikrofons

动物园

zooloģiskais dārzs

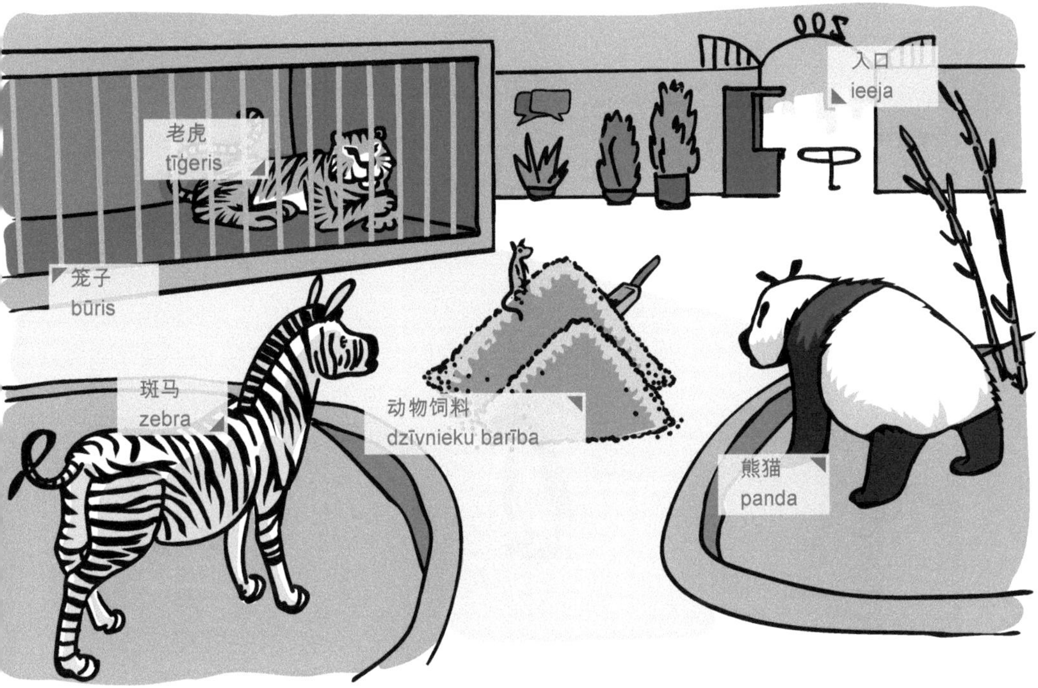

入口
ieeja
老虎
tīģeris
笼子
būris
斑马
zebra
动物饲料
dzīvnieku barība
熊猫
panda

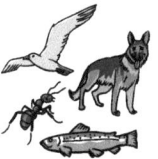

动物

dzīvnieki

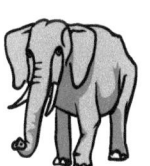

大象

zilonis

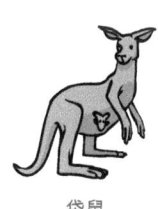

袋鼠

ķengurs

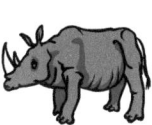

犀牛

degunradzis

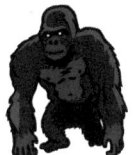

大猩猩

gorilla

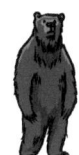

熊

lācis

骆驼

kamielis

鸵鸟

strauss

狮子

lauva

猴子

pērtiķis

火烈鸟

flamings

鹦鹉

papagailis

北极熊

polārlācis

企鹅

pingvīns

鲨鱼

haizivs

孔雀

pāvs

蛇

čūska

鳄鱼

krokodils

动物园管理员

zoodārza sargs

海豹

ronis

美洲豹

jaguārs

矮种马

ponijs

豹

leopards

河马

nīlzirgs

长颈鹿

žirafe

老鹰

ērglis

野猪

meža cūka

鱼

zivs

龟

bruņurupucis

海象

valzirgs

狐狸

lapsa

羚羊

gazele

橄榄球
amerikāņu futbols

骑自行车
riteņbraukšana

网球
teniss

篮球
basketbols

游泳
peldēšana

拳击
bokss

冰球
hokejs

英式足球
futbols

羽毛球
badmintons

田径
vieglatlētika

手球
rokas bumba

滑雪
slēpošana

马球
polo

跳 lēkt

笑 smieties

拥抱 apskaut

走路 iet

唱 dziedāt

做梦 sapņot

祈祷 lūgt

亲吻 skūpstīt

书写
rakstīt

画
zīmēt

展示
rādīt

推
spiest

给
dot

拿
ņemt

有
būt

做
darīt

当
būt

站
stāvēt

跑
skriet

拉
vilkt

扔
mest

摔倒
krist

躺
gulēt

等待
gaidīt

携带
nest

坐
sēdēt

穿衣
uzģērbt

睡觉
gulēt

醒来
pamosties

看

skatīties

哭

raudāt

抚摸

glāstīt

梳头

ķemmēt

交谈

runāt

明白

saprast

问

jautāt

听

dzirdēt

喝

dzert

吃

ēst

清理

sakārtot

爱

mīlēt

做饭

vārīt

开车

braukt

飞

lidot

航行

burot

计算

rēķināt

读

lasīt

学习

mācīties

工作

strādāt

结婚

precēties

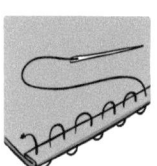

缝

šūt

刷牙

tīrīt zobus

杀

nogalināt

抽烟

smēķēt

寄

sūtīt

祖母
vecāmāte

祖父
vectēvs

父亲
tēvs

母亲
māte

婴童
mazulis

女儿
meita

儿子
dēls

客人

viesis

阿姨

tante

叔叔

onkulis

兄弟

brālis

姐妹

māsa

身体

ķermenis

前额
piere
眼睛
acs
肩膀
plecs
手指
pirksts
脸
seja
下巴
zods
手
roka
腿
kāja
乳房
krūtis
手臂
roka

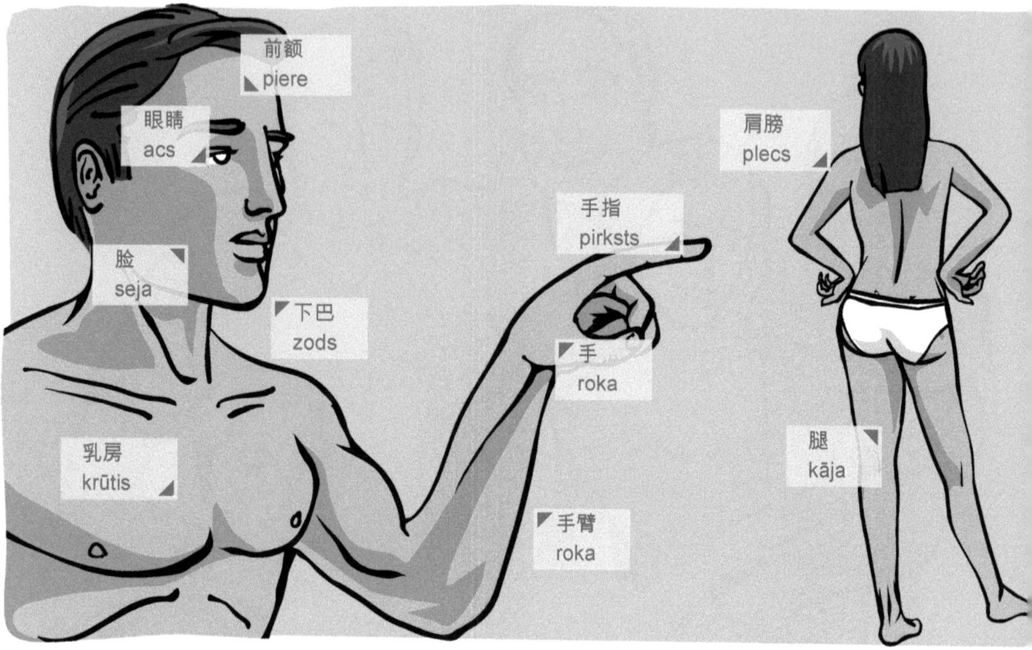

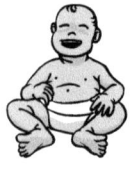

婴童

mazulis

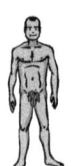

男人

vīrietis

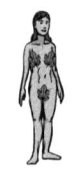

女人

sieviete

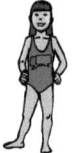

女孩

meitene

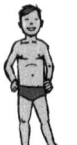

男孩

zēns

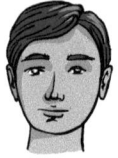

头

galva

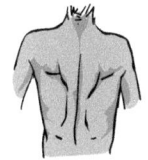

背部
mugura

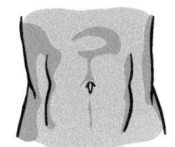

肚子
vēders

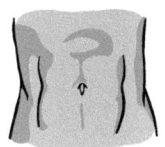

肚脐
naba

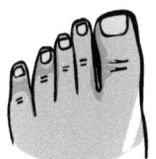

脚趾
kājas pirksts

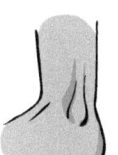

脚后跟
papēdis

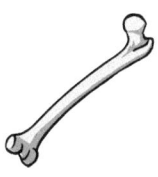

骨头
kauls

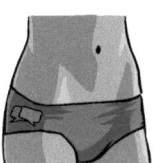

臀部
gurns

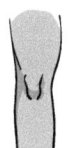

膝盖
celis

手肘
elkonis

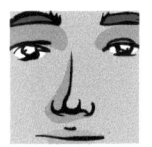

鼻子
deguns

屁股
dibens

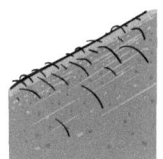

皮肤
āda

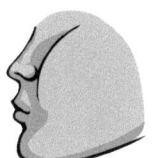

脸颊
vaigs

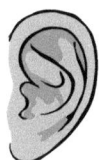

耳朵
auss

嘴唇
lūpa

嘴
mute

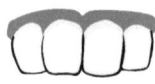

牙齿
zobs

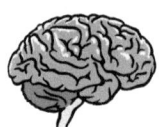

舌头
mēle

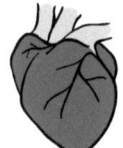

脑
smadzenes

心脏
sirds

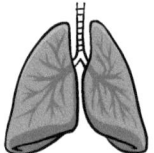

肌肉
muskulis

肺
plaušas

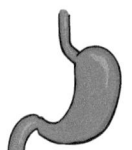

肝脏
aknas

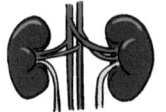

胃
kuņģis

肾脏
nieres

性交
dzimumakts

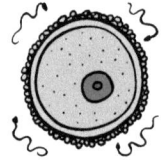

避孕套
kondoms

卵子
olšūna

精子
sperma

怀孕
grūtniecība

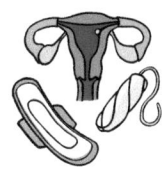

月经

menstruācijas

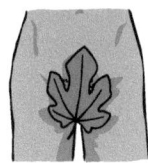

阴道

vagīna

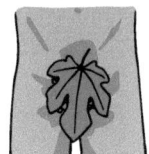

阴茎

penis

眉毛

uzacs

头发

mati

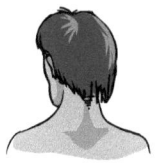

脖子

kakls

医院
slimnīca

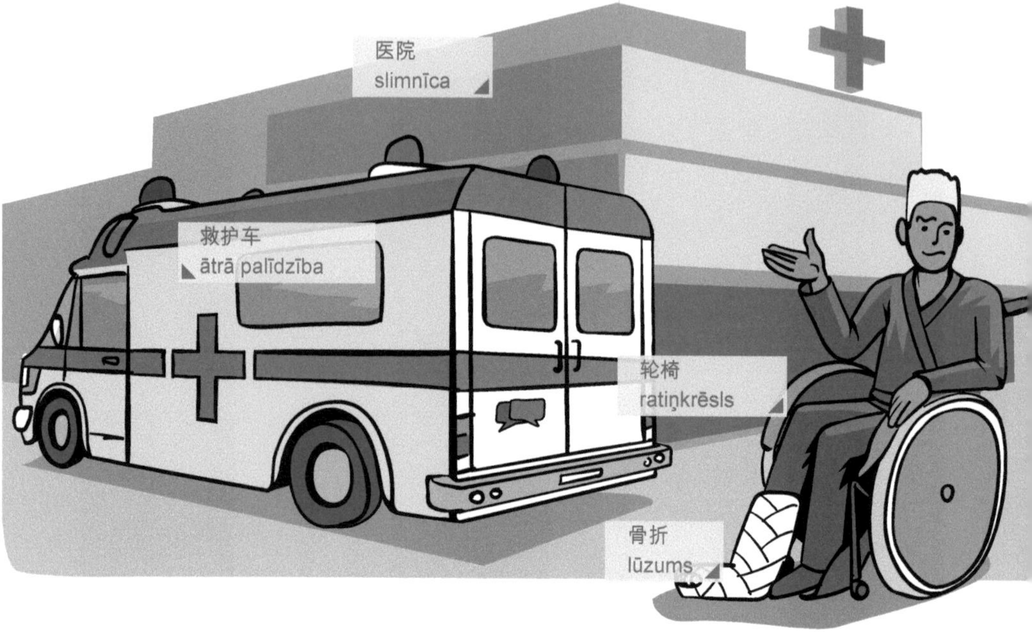

医院
slimnīca
救护车
ātrā palīdzība
轮椅
ratiņkrēsls
骨折
lūzums

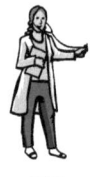

医生
ārsts

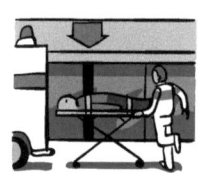

急诊室
neatliekamās palīdzības nodaļa

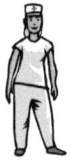

护士
medmāsa

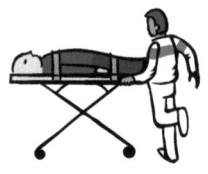

紧急情况
ārkārtas gadījums

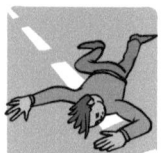

昏迷
paģībis

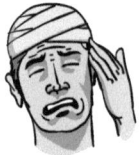

痛
sāpes

受伤

ievainojums

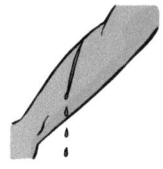

出血

asiņošana

心脏病发作

sirdslēkme

中风

insults

过敏

alerģija

咳嗽

klepus

发烧

temperatūra

流感

gripa

腹泻

caureja

头痛

galvassāpes

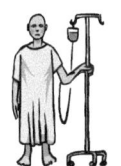

癌症

vēzis

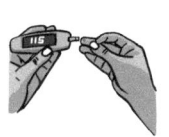

糖尿病

diabēts

外科医生

ķirurgs

手术刀

skalpelis

手术

operācija

CT

datortomogrāfija

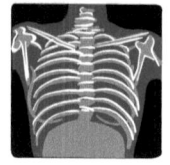

X光

rentgents

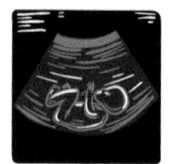

超声波

ultraskaņa

口罩

sejas maska

疾病

slimība

候诊室

uzgaidāmā telpa

拐杖

kruķis

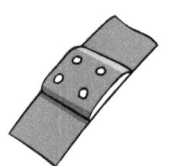

石膏

plāksteris

绷带

apsējs

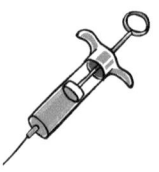

注射

injekcija

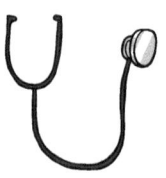

听诊器

stetoskops

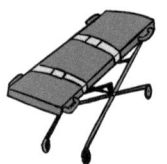

担架

nestuves

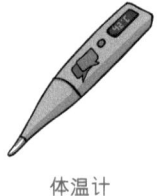

体温计

termometrs

出生

dzemdības

超重

liekais svars

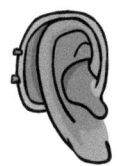

助听器

dzirdes aparāts

消毒液

dezinfekcijas līdzeklis

感染

infekcija

病毒

vīruss

艾滋病

HIV / AIDS

药物

zāles

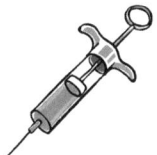

接种疫苗

pote

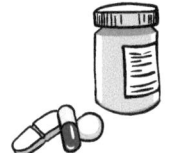

药片

tabletes

药丸

pretapaugļošanās tablete

急救电话

ārkārtas izsaukums

血压计

asinsspiediena mērītājs

生病/健康

slims / vesels

救命！

Palīgā!

警报

trauksme

突击

uzbrukums

攻击

uzbrukums

危险

bīstamība

紧急出口

avārijas izeja

着火啦！

Uguns!

灭火器

ugunsdzēšamais aparāts

意外

negadījums

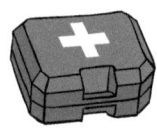

急救箱

pirmās palīdzības aptieciņa

呼救信号

SOS

警察

policija

欧洲
....
Eiropa

北美洲
....
Ziemeļamerika

南美洲
....
Dienvidamerika

非洲
....
Āfrika

亚洲
....
Āzija

澳洲
....
Austrālija

大西洋
....
Atlantijas okeāns

太平洋
....
Klusais okeāns

印度洋
....
Indijas okeāns

南冰洋
....
Dienvidu okeāns

北冰洋
....
Ziemeļu ledus okeāns

北极
....
Ziemeļpols

南极
Dienvidpols

南极洲
Antarktika

地球
zeme

陆地
zeme

海
jūra

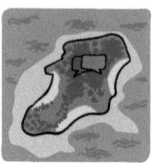

岛
sala

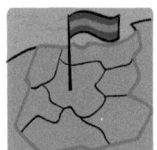

国家
nācija

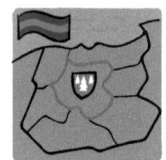

国家
valsts

钟面

ciparnīca

时针

stundu rādītājs

分针

minūšu rādītājs

秒针

sekunžu rādītājs

现在几点？

Cik ir pulkstenis?

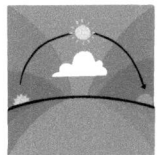

天

diena

时间

laiks

现在

tagad

电子表

digitālais pulkstenis

分

minūte

时

stunda

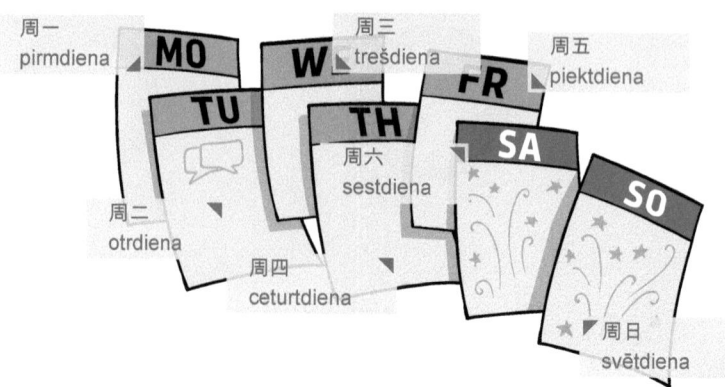

周一 pirmdiena
周三 trešdiena
周五 piektdiena
周二 otrdiena
周四 ceturtdiena
周六 sestdiena
周日 svētdiena

昨天

vakardien

今天

šodien

明天

rītdien

早晨

rīts

中午

pusdienlaiks

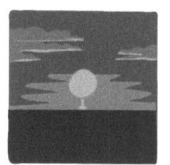

晚上

vakars

工作日

darbadienas

周末

brīvdienas

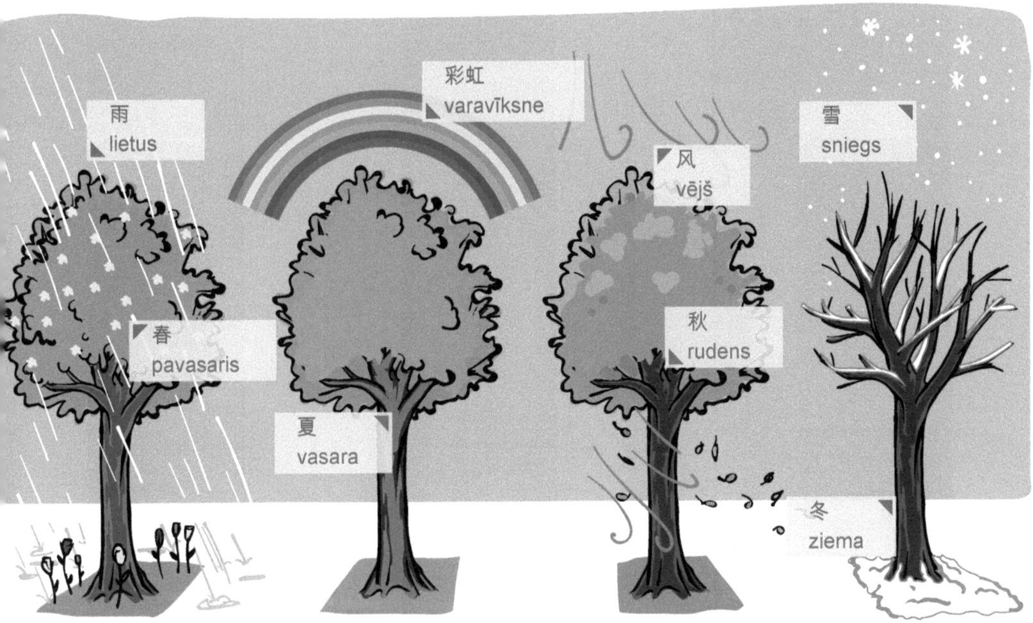

雨
lietus
彩虹
varavīksne
风
vējš
雪
sniegs
春
pavasaris
秋
rudens
夏
vasara
冬
ziema

4.APRIL 11°
5.APRIL 4°
6.APRIL 13°
7.APRIL 8°
8.APRIL 10°

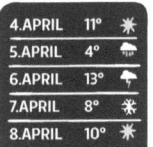

天气预报
laika prognoze

F C
120 40
90 30
60 20
30 10
0 0
-30 -10
-20

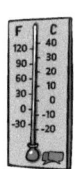

温度计
termometrs

阳光
saules gaisma

云
mākonis

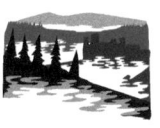

雾
migla

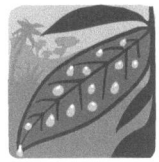

潮湿
gaisa mitrums

闪电

zibens

打雷

pērkons

风暴

vētra

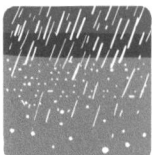

冰雹

krusa

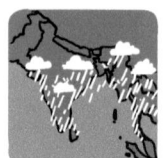

季风

musons

洪水

plūdi

冰

ledus

一月

janvāris

二月

februāris

三月

marts

四月

aprīlis

五月

maijs

六月

jūnijs

七月

jūlijs

八月

augusts

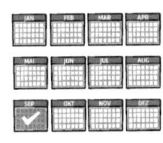

九月

septembris

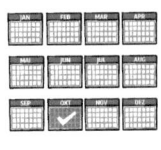

十月

oktobris

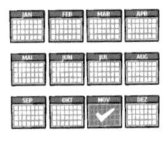

十一月

novembris

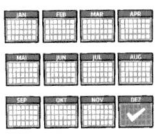

十二月

decembris

形状

formas

圆形

aplis

正方形

kvadrāts

长方形

četrstūris

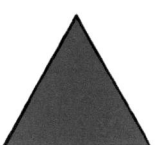

三角形

trīsstūris

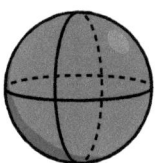

球体

lode

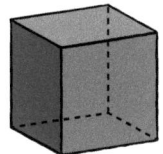

立方体

kubs

白
....
balts

黄
....
dzeltens

橙
....
oranžs

粉
....
sārts

红
....
sarkans

紫
....
lillā

蓝
....
zils

绿
....
zaļš

棕
....
brūns

灰
....
pelēks

黑
....
melns

很多/少许

daudz / maz

生气/平静

saniknots / miermīlīgs

美/丑

skaists / neglīts

首/尾

sākums / beigas

大/小

liels / mazs

明/暗

gaišs / tumšs

兄弟/姐妹

brālis / māsa

干净/肮脏

tīrs / netīrs

完整/缺失

pilnīgs / nepilnīgs

白天/晚上

diena / nakts

死/生

miris / dzīvs

宽/窄

plats / šaurs

可食用/非食用

baudāms / nebaudāms

邪恶/善良

nikns / laipns

兴奋/无聊

satraukts / garlaikots

胖/瘦

resns / tievs

第一/最后

pirmais /pēdējais

朋友/敌人

draugs / ienaidnieks

满/空

pilns / tukšs

硬/软

ciets / mīksts

重/轻

smags / viegls

饿/渴

izsalkums / slāpes

生病/健康

slims / vesels

非法/合法

nelegāls / legāls

聪明/愚笨

inteliģents / dumjš

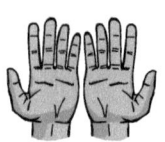

左/右

kreisais / labais

近/远

tuvu / tālu

新/旧

jauns / lietots

没有/有些

nekas / kaut kas

老/幼

vecs / jauns

开/关

ieslēgts / izslēgts

打开/合上

atvērts / slēgts

安静/吵闹

kluss / skaļš

富/穷

bagāts / nabags

对/错

pareizi / nepareizi

粗糙/光滑

raupjš / gluds

伤心/高兴

noskumis / laimīgs

短/长

īss / garš

慢/快

lēns / ātrs

湿/干

slapjš / sauss

温暖/凉爽

silts / vēss

战争/和平

karš / miers

0

零

nulle

1

一

viens

2

二

divi

3

三

trīs

4

四

četri

5

五

pieci

6

六

seši

7

七

septiņi

8

八

astoņi

9

九

deviņi

10

十

desmit

11

十一

vienpadsmit

12
十二
divpadsmit

13
十三
trīspadsmit

14
十四
četrpadsmit

15
十五
piecpadsmit

16
十六
sešpadsmit

17
十七
septiņpadsmit

18
十八
astoņpadsmit

19
十九
deviņpadsmit

20
二十
divdesmit

100
百
simts

1.000
千
tūkstotis

1.000.000
百万
miljons

语言
Valodas

英语
angļu

美式英语
amerikāņu angļu

普通话
ķīniešu mandarīnu valoda

印地语
hindi

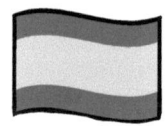

西班牙语
spāņu

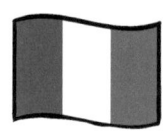

法语
franču

阿拉伯语
arābu

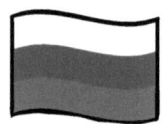

俄语
krievu

葡萄牙语
portugāļu

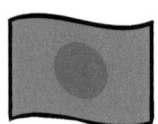

孟加拉语
bengāļu

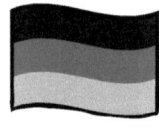

德语
vācu

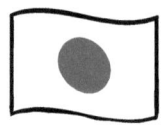

日语
japāņu

我

es

你

tu

他/她/它

viņš / viņa

我们

mēs

你们

jūs

他们

viņi / viņas

谁？

kas?

什么？

ko?

怎样？

kā?

哪里？

kur?

什么时候？

kad?

名字

vārds

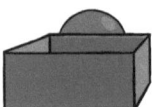

后面

aiz

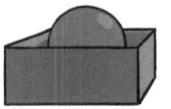

里面

iekšā

前面

priekšā

上方

virs

上面

uz

下面

zem

旁边

blakus

中间

starp

地点

vieta